국화꽃 안부를 묻는다

구본결 시집

시인의 말

시를 쓰다 보면
내가 쓴 시가
나를 낯선 눈으로
응시할 때가 있습니다.

그럴 때마다 나는
시란 무엇인가
어떻게 써야 하는가
꼭 써야만 하는가
회의에 빠집니다.

내가 써서 묶어 놓은 말 한 다발이
그 어디에 있는 아픈 영혼들을 찾아가서
그 품에 안겨 꽃이 되고
노래가 되고 음악이 되어
향기를 건네는 위로가 될지

많이 부족합니다. 부족한 것을 아는 것은
병이 아니라는 노자의 말씀을 위로 삼고
꽃다발 같은 시를 쓰기 위해
끝없이 나를 채찍질하겠습니다.

2025년 여름
구본결

차 례

● 시인의 말

제1부 그 강에 닿았을 때

그 강에 닿았을 때 ──── 10
나는 풀입니다 ──── 11
명품 가방 ──── 14
열매 ──── 15
열매와 무덤 ──── 16
민달팽이와 책 ──── 18
나무 세상엔 화장실이 없다 ──── 20
의문 부호 ──── 22
방 한 칸 ──── 24
황소의 눈 ──── 26
비밀의 방 ──── 28
아버지 남양군도 ──── 30

제2부 모두 받아 안아주는 바다

바다 ──── 36
망초꽃 ──── 37

사랑이란 ──── 38

쌍무덤 ──── 40

事월 ──── 42

자목련 ──── 44

바람꽃 ──── 46

달빛 걷기 ──── 48

블루베리 ──── 50

사량도에서 ──── 52

명화 ──── 54

장마전선 ──── 56

그 여자 ──── 58

제3부 나무의 길, 사람의 길

무상 ──── 62

감. 11월 ──── 63

국화꽃 안부를 묻는다 ──── 64

처서 ──── 66

나무의 눈물 ──── 68

간이 정류장 ──── 70

귀로 사는 의자 ──── 72

복자기 단풍 ──── 74

산골 우체통 ──── 76

덧발 ──── 78

물걸리 ──── 80

절골 ──── 82

아내의 저녁 ──── 84

낙엽의 길 ──── 86

별에 사다리를 거는 밤 ──── 88

사과와 장미 ──── 90

달의 뒤뜰에 감빛 꿈을 심는다 ──── 92

고지전 ──── 94

제4부 뭐 하려고 살고 죽는 일은 벌어서

빙어 ——— 98
외할머니 ——— 99
글 쓰는 나무 ——— 102
용대리 먹태 ——— 104
할미꽃 ——— 106
홀로 가는 길 ——— 108
저 남자 ——— 110
가을 뒷모습 ——— 112
앵강만 풍경 ——— 114

▨ 구본결의 시세계 | 송연숙 ——— 116

제1부
그 강에 닿았을 때

그 강에 닿았을 때

아직도 강물은 창문을 열어놓고
들꽃의 손짓에 흔들리고 있었어

구름은
얼굴을 붉히지 않는다지만
맹세코 그것은 거짓말입니다
구름도 지금 내 얼굴이랑 아주 똑같이
새빨개지고 있거든요

사과밭 끝
노을의 고백이 머물던 자리
자꾸만 발을 헛놓던
첫사랑 저녁 언덕
주둥이가 노란 별이 물어다 준
나의 사랑 나의 꿈

나는 풀입니다

나는 풀입니다
농부 손바닥 같은 들판
언제부터 살았는지 언제까지 살 건지
그냥 뿌리 이으며 살아가는 들풀이지요

한 곳에 뿌리내려 일생을 살아도
바람에 안겨 해와 달을 보고
빗속에 눈물을 감추고 별과 눈 맞추며
벽도 담도 위도 아래도 없는 집
창문도 없이 나는 살아갑니다

힘들 때는 옆 풀에 기대기도 하고
기쁘게 어깨를 빌려주기도 합니다
미안하다 감사하다 표정도 없이
너와 내가 낳은 사랑으로
서로의 결핍을 메워 줄 뿐입니다

심심하면 발가락을 꼬물거려

서로의 발바닥에 장난을 칩니다
간지럼 타는 척 몸을 꼬며
까르르 웃어주기도 합니다

나 이름 몰라도 좋은
이름 없어서 더 좋은 저 들녘의 풀입니다

눈인사조차 없이 꽃피는 날은 지나가도
오월 우리의 꿈, 고집스런 초록으로
온 세상 초록색 옷을 입히고
호수도 강도 풀빛 흥건한 잔을 들면
우리도 몸을 흔들며 노래합니다

밟히면 밟힌 것끼리
아팠던 순간의 이야기 들어주며
함께 손잡고 일어서서
서로의 등 털어주며 토닥여 줍니다

저 들에 꽃 필 때나 질 때나
내 곁에 너 있어서
네 숨소리 항상 들을 수 있어서
그걸로 그만인, 나는 잡풀입니다

올 때처럼 우리 떠날 때도
왔던 그 문으로 떠날 것입니다
네 가슴 내 가슴에 별처럼 떠서 마주보다가
꼭 다시 만나자 손가락을 걸면서

명품 가방

아내는 절대로 설득되질 않는다

홈쇼핑에서 명품 판매가 있을 때마다
나는 아내의 시선을 피해 슬그머니 서재로 들어간다

건강한 삶이 바로 명품이지 뭐가 더 있냐 해도
명품 백 하나 사면 10년이 명품 된다고
도리어 나를 설득한다

명품은 무슨 명품
이제는 여기저기 상처 난 그림자지
헛배만 부풀려진 천국, 그 허깨비지

광고에 시선을 떼지 않는 아내를 두고
그저 나는 돌아앉아 구시렁구시렁
명품 가방도 되지 못하는 시를 쓴다

가만히 내 가난을 쓰다듬는다

열매

꽃이
몸을 푼 자리
아기가 젖을 물고 있다

열매 맺기 위해
꽃들은 얼마나 많은
사랑의 아픔을 인내했을까

얼마나 많은 밤
별을 향해
손을 모았을까

꽃 한 송이
제 몸 스스로 던진 자리
거기 또 하나
새 우주
문이 열렸다

열매와 무덤

꽃이 피었다 지면
둥글게 열매를 맺는다
햇볕 공기 물, 땅에서 얻은 것으로
제 몸 안 깊숙이 씨앗을 묻어서
생명은 다시 피어난다는 약속 같은

사람이 죽으면
둥글게 무덤을 만들어
옷 입히듯 잔디를 입힌다
마치 몸이 씨라도 되는 것처럼
땅에 매다는 열매처럼

삶 속에 죽음의 씨앗 들어 있듯
죽음 속에도 반드시 삶의 씨앗 들어 있어
돌아가듯 돌아올 거라는 듯이

올 때는
혼자 울며 왔어도

돌아갈 때는
여럿이 울며 배웅한다
인정 많은 이 세상 잊지 말고 품고 있다가
꼭 다시 돌아와야 한다고

민달팽이와 책

누구나
이름을 걸고 살기는 하지

그런데 집 없는 책은 왜 민 책이 아니지
우리에게만 그렇게 부르는 거 차별 대우야
집 못 버린 너희들 비난할 생각 조금도 없지만
자유로부터 말해 보자면 우리가 한 수 위지
굳이 부르려면 집달팽이, 달팽이 이러는 게 맞아

뭐, 너희들이 세상을 짓는 머리 기둥이라고
그 잘난 머리, 기둥 없어도 내 삶은 괜찮아
더듬더듬 더듬거리며 살아도
내 배로 걷고 내 배짱대로 나는 살지
그래도 나 책잡히고 책 당하고
책임질 일 조금도 하지 않지

특별한 이름 없이 홀딱 벗고 살아도
태양이 눈뜨고 나를 보고

대지가 재워주고 먹여 주니
꾀죄죄한 이름 가로세로 걸어 놓고
누구 눈에 들 날만 꽂혀서 기다리는
너희들보다야 무엇으로 보나 내가 낫지

죽는 자의 말씀들 무덤처럼 쌓여 있는 책
집 앞 공터를 지나 배추밭 가는 길로
알 것만 아는 나, 신이 써 놓은 점자책
하루 한 장씩 새겨읽으면서
오늘도 느릿느릿 내 길을 간다

나무 세상엔 화장실이 없다

푸를 때 푸르고
쉴 때 쉰다

넘치는 것도
모자라는 것도 없다

사방을 다 보며
욕심 없이 먹으니
뒤 볼일 없어
나무의 세상엔
화장실이 없다

청소부처럼
세상을 묵묵히
쓸고 닦고
정화할 뿐

죽은 몸조차도

세상에 선물처럼

주고 가는

저 불멸의 나[我] 무無

의문 부호

머리가 의문 부호다
언제나 갸웃갸웃 행간에 물음표를 던진다

하늘과 땅 사이
사는 일은 모든 것이 질문
세상의 책들은 힘껏 문제 풀어 답을 내지만
오답과 정답 사이 그 어디쯤 닿을 뿐

하늘과 땅 사이
거기서 길을 찾은 새
갸웃갸웃 행간의 의미를 엿보던 새는
문제를 땅에 두고
하늘로 박차 오른다

스스로 나는 자만의 자유
문제로부터의 해방
지상의 물음표들이
문제에 묶여 머리를 앓을 때

날개 돋친 새들에게만 보이는
명왕성 너머 하얀 등대

장자의 저녁 산책길
새는 해바라기 꽃송이에 앉아
물음표를 쏟아 놓으며 고개 끄덕인다
무엇을 깨달았는가
앉았던 행간마다
풀리지 않은 문제, 저 홀로 온전하다

방 한 칸

여보 우리 이다음
시골에 집 지을 때는
최소한 방 두 개는 들여야겠지요
어머니 말에 아버지는 고개를 끄덕인다

부모의 마음속에는
아이들을 위한 방 하나가
늘 비워져 있다

사랑으로 불을 지피고
따뜻하게 자식들을 기다리고 있는 방
환하게 등불을 밝혀 놓아서
어디에서 길을 잃어도
찾아갈 수 있는 등대 같은 방

자식 집에 부모 위한 방 한 칸은 없어도
가난하고 더 가난해져도
자식 방 한 칸은 뺄 수 없는 부모 마음

사는 일 힘들고 또 힘들어
허리 펼 날 없어도
찾아가서 누워 허리 쭉 펴면
부모 사랑 목까지 차오르는

저 먼 곳 여물 냄새 가득한
시골집 그 방 한 칸

황소의 눈

박속처럼 소박했던 초등학교 시절
오일장마다 장짐 나르던
마차꾼 상덕 아저씨 아들, 친구 순길이 따라
마차 뒤 밀어주러 질마고개 갔었다

파리한 늙은 황소
쌀가마니 콩 팥 장짐 제법 묵직한데도
꼬리 간간이 돌려 파리를 날리며
터벅터벅 아침 들길 평화로웠다

모퉁이 돌아 저만큼 고개 보이자
재촉하는 사람 아무도 없는데도
황소 숨소리, 발길 갑자기 빨라지고
오늘도 이 모든 짐
나 죽어도 저 고개 넘겨 놓으리란 듯
앞발 고개와 엇각으로 버티고
어깨 앞으로 당기며 이 악물던 황소
눈가에 눈물 돌던 커다란 그 눈

나 젖 먹고 밥 먹은 힘 다 써서 마차 밀었다

살아온 날 내내 잊힌 일 없어
세상살이 힘든 일 닥칠 때마다
그날 순길이네 소 눈 나를 본다
세월 늙어도 늙지 않는 착한 두 눈
고개 밑에서 각오 퍼렇던
그 부처님의 맑은 두 눈

비밀의 방

누구나 숨겨진 비밀의 방
하나씩 갖고 있다지요
주인도 손님도 모르는 방
신의 계단 목숨 걸고 오른 몇 사람이 있다니
있을 거라 생각되는 방

부처님이 처음 그 방문 열었다죠
임금 자리 처자식, 가진 것 다 버리고서
끝끝내 그 방문 앞에서 마음마저 버리고서
열어보니 그 방, 슬픔도 기쁨도
나도 내 그림자도 아무것도 없었다죠

노자도 서경덕도 황진이도
매월당도 서포도 추사도 사임당도, 홀로들
그 빈방 옆방에서 잘 놀다들 가셨다죠

흙이 아니라 눈사람처럼 물과 바람과
꿈 몇 스푼 넣어 빚은 것이 나 아닐까요

바람 불어야 떠가는 구름 풍선 같은 거
바람 그치면 이내 가라앉아 꺼지고 마는
비밀의 방만 구명선처럼 항구로 돌아가는

평생 그 비밀의 방 열겠다고
빈방, 공 같은 나무 머리 두드리며
아무것도 없다는 이승만
덜고 또 덜어내는 스님들의 창밖에서
이 밤도 서쪽새는 서쪽서쪽 울까요
동쪽으로 온 달마는 서쪽으로 떠났을까요

신의 마스터키 같은 북두칠성이
북극성을 밤새 탑돌이 해도
비밀의 방 열쇠별은 보이지 않고
집의 벽돌 하나만 또 한 개 빠져나갑니다

아버지 남양군도

1.
네 아버지 열대여섯 살 때
우리랑 이불 밑에 발 넣고
고요히 창을 열고… 달빛을 보고… 휘파람 소리…*
목청 좋게 노래 참 잘하셨지
늙으신 당고모 봉선화 꽃밭 앞에서 낙엽 지듯 말하신다

2.
2차 대전, 지뢰밭 가시철망 같던 시대
아버지 열일곱에 장가 들어
꽃 같던 아내 층층시하에 두고
남양군도로 징용당하셨다

양반이 벗어 놓은
때 묻은 버선 같은 조선의 청년
가슴에 희망을 지갑처럼 넣고
노동자로 건넜을 남태평양
막막한 물결 위로 아내 얼굴만

꽃처럼 피고 또 피고 졌으리

도착한 곳 어디였을까
미크로네시아, 마셜, 마리아나
적도 곁에 별처럼 뿌려진 몸 뜨거운 남양군도
그 어느 곳에 내 몸 반의 노동 흔적
지문처럼 찍혀 있을까
비행장 시멘트 바닥 밑에
사탕수수 착즙기 속에
뜨거운 숨 몰아쉬며 눈물지을까

3.
보내온 우편엽서는
아내 보고 싶다는 말은 가슴에 삼키고
부모님 옥체만 일양만강하시냐는데
남편 손그림자 어른거리는
그 직사각형 모진 얼굴에
만 리 밖 남편 얼굴 겹치고 또 겹치며

물결처럼 밀려와 보였으리

4.
조선 노동자
60프로가 죽었다는 남양군도
노을은 매일 핏빛으로 지고
남십자성 십자가로 뜨면
젊은 쿠리들 땀내 찌든 숙소
발에 끌리는 삶의 사슬 무게도 잊고
골고다 언덕 청년 예수처럼 간절히 기도했으리

5.
아버지 오래전 가시고 없어도
운다고 옛사랑이 오리오마는…*
당신의 반쪽이 이렇게 남아서
아버지의 소야곡 목청 좋게 흥얼거립니다
흥얼거릴 때마다 나는 아버지에게로 가고
아버지는 제게로 오십니다

오늘도 고분대월길 밤하늘에 남양군도 한 맺힌
아버지별 어머니별 가족으로 모여 서서
그 시절 노래 밤새 합창으로 부릅니다
지상의 우리 가족도 함께 따라 부릅니다

* 애수의 소야곡

제2부
모두 받아 안아주는 바다

바다

넓은 척
깊은 척
강한 척
부드러운 척

우쭐렁대지만

지구라는
작은 볼에 담긴

한 잔의 물

망초꽃

누가
여름 젊은 언덕에
눈꽃 같은 편지 써 놓았을까

누가
여름 더운 가슴에
소년 소녀의 마음 펴 놓았을까

사춘기처럼
두근대는 초원에
별 같은 고백 뿌렸을까

에메랄드빛
편지지 위에
또박또박 적어 간 수줍은 편지

서편 달 읽고 가는 첫사랑 편지
바람이 보고 다시 넘겨보는 옛사랑 편지

사랑이란

아내가 모처럼
只心島 동백꽃 구경을 간다고
버들강아지처럼 달떠서
봄 여행을 떠났다.

아내의 큰 여행 가방은
집의 체온마저 담아 갔는지
늦가을 간이역 대합실 같은 집
입 꾹 다물고 숨도 쉬지 않는다.

아내가 집을 비우면
해 다르게 넓어져만 가는
집의 빈 몸체, 찬바람 찾아와
눈물 글썽이다 돌아가는
뼛속 빈자리

금박 문 수줍은 동백꽃
시집올 적 자신처럼 곱다며

보내온 풍경 꽃가지마다
아린 웃음소리 걸렸는데

웃고 있는 당신 모습
동백꽃보다 더 곱다고 쓰면서
빈집 두 채만 덩그러니
서로 쳐다보고 있다는 말
못내 하지 못하네

쌍무덤

인적 드문
낮은 산비탈 양지쪽

오솔길 곁가지에 달린
봉긋한 쌍무덤
젖가슴처럼 따듯하다

죽어서도 이렇게
따듯한데

한때 꽃이 피는 계절에
만나 사랑을 하고
꿀벌처럼 새끼를 치며
부럽게 살았을 것이다

정 같던 살 다 소멸하고
그 마음, 동안거 열 번 치른
스님보다 더 맑아져서

부는 바람에도 무심할 백골 한 쌍

묘 마당엔
할미꽃만 쌍으로 피어
기한 없는 시묘살이
무릎 꿇고 허리 숙여
자식처럼 치르고 있다

事월

이제 일할 시기가 돌아왔다고
해가 금같이 반짝이는 날을 만들어 놓고
부지런하게 나를 깨운다.

냉수 맛 같은 아침
오이 향 같은 산의 속살 냄새

사지가 선풍기처럼 펄펄 돌아가는
자연이 건강하게 나를 숨 쉬는 아침
가장 큰 일이 일을 잠시 접어놓고
나를 내려다보시는 사랑의 이 아침

나도 내 자식 같은 어린 식물 앞에서
어제 일이 오늘 일을 가르쳐준 대로
아까 일이 지금 일을 지도하는 대로
내 기도를 보태 오늘 일을 한다

먹는 일, 입는 일, 사는 일

모든 것 일로 돌아가는 일의 대지여
꼭짓점에서 꼭짓점으로 미끄러지는
매듭 없는 순간순간이여

따뜻한 피가 도는 텃밭으로 향한다
사랑하는 일이다

자목련

긴 인내와 절제 끝
손 모은 순수한 기도
봄 가뭄 제법 길어도
차마 비를 빌지 못하겠구나

노래랄까 웃음이랄까
꾹꾹 눌러 담긴 슬픔이랄까
입 꼭 다물고 이별은 없을 거라더니
힘없이 돌아서는 가여운 네 어깨

누가 이 베틀 돌리기에
새벽안개 이슬 꽃
속삭이는 바람 철없는 새 소리
봄밤의 슬픔을 흩뿌려서
엮인 자색 치마 한 자락
이처럼 빗속에 흔들리게 하는가

올 때도 사랑 보인 적 없이

갈 때도 미움 보인 적 없이
한 잔 커피와 외로움 흔들다가
꿈꾸듯 가는구나

노을 풀어지듯
한 송이 두 송이
가만히 땅으로 내려서서
발걸음 소리도 없이 가는구나
흐르는 눈물처럼
자다 깬 긴 한숨처럼
아직 봄은 꿈속에 있다

바람꽃
― 선풍기

바람을 꽃처럼
피우고 지우는 것이
운명입니다

당신의 더운 몸을 달래기 위해

바람의 길에 서서
바람을 당기고 미는 것이
내가 당신을 잠시 사랑하는
모든 것입니다

맞아도 맞아도 갈증뿐인 바람
양귀비 꽃그늘 아래
남모르게 피고 지는
바람꽃 바람의 불꽃

아 날개가 넷이어도
날아오를 수 없는 사랑

그래도 그것 잠시라도 가슴에

피가 도는 것 같아서

누구는 피우고

누구는 맞으며

세상은 잘 돌아갑니다

달빛 걷기

그냥 쉬자는 안락의자 손을 놓고
달빛, 안개비처럼 내리는 오솔길
달빛 걷기를 나선다
그림자를 뉘어 놓고 나무들은
하루 고단한 허리를 편 채 쉬고 있다

민들레, 지면패랭이, 돌단풍 풀꽃들은 모임처럼
철쭉꽃, 돌배꽃, 귀룽나무꽃은 파티처럼
함께 모여 달빛에 몸을 적시고
달과 달 사이 건너가는
산골 물 발자국 소리 들으며
잃어버린 고향 꿈에 젖어 있다

떠나는 자 머무는 자 사이에서
달빛 세상을 품고 발길 놓는 밤
나도 저 떠나는 것들 따라
이 달빛 속 걷고 또 걸어서
나무와 꽃들, 꿈의 고향에 닿고 싶다

꿈도 향기로 꾸는 풀꽃마을
좋아한다는 말도 싫어한다는 말도
향기로 말하는 꽃나무 마을
향기 없는 사람은 꿈도 꿀 수 없는 그곳
백리향 같은 향기 늘 피어 있는 마을

꽃마을 안내소로 문의하면
달빛 속 풀꽃처럼 흐릿해진 옛적 소꿉친구들
자동차 없는 마을 꽃그늘 든 식탁에
조팝꽃 두 공기, 민들레꽃 한 보시기
장미도 한 송이 소꿉놀이 밥상처럼 차려놓고
향기 나게 살고 있다는 말 들을 수 있을까

꽃의 꿈 받아 안고 돌아오는 길은
물소리 더욱 깊어지고
달빛도 향기 되어 마음속으로 스민다

블루베리
— 모정

여보 내일은
블루베리 따줘야겠어요
이른 저녁 후 나란히 앉아
노을 보며 아내가 말한다

블루베리 까맣게 익어
늘어진 가지 보면
빈집 두고 온 젖먹이
늘어진 여름 긴 콩밭 고랑
늦은 저녁 젖 불어 가슴 아팠을
젊은 엄마가 생각난다

칭얼대는 아기 아픈 배 쓸어주며
한 모금 빛이라도 흘릴세라
한 톨 양분이라도 더 모아 먹이며
업고 지새운 불면의 밤이
저리 통통하게 젖처럼 고이리

블루베리를 딴다
예쁜 것 못난 것 상처 난 것
아픈 것, 검은 것은 모두 딴다
젊은 엄마 젖가슴 아플세라
불은 것은 모두 따낸다

이제 가슴 홀가분해진
블루베리 나무 앞에서
블루베리 몇 알 입안에 넣고
우물우물 어머니 그 무거웠던
사랑과 이제 향기조차 희미한
고향 저 그리움을 맛본다

사량도에서

세상일 답답하고 짜증 날 때
그대 사량도에 오시게
세상사 모두 삼천포 선착장에 가지런히 내려놓고
낯모르는 남녀 되어 이불 밑에 발 넣고
눈 마주치면 속절없이 웃어주며
흔들흔들 배에 실려 사량도에 오시게

바다를 품고 행복해하는 작은 섬
서로가 몸을 기댄 사람의 집들이
너무 정겨워 외롭지 않아도 외로워지면
섬 높이만큼 키를 낮춘
바다를 그대 발아래 두고
하늘을 향해 도도히 솟은
옥녀의 젖가슴에 올라
바다를 한번 호령해 보시게

살아가는 일도 죽음 같거니
죽음도 사는 것 같거니

외줄기 줄에 삶의 한순간을 걸어 놓고
삶과 죽음의 거리를 길들여 보시게

사랑을 할 줄 몰라도 사랑이 되는
사랑도에 오시게

파도도 애써 피해 가는 사량도에서
그대와 나 찰진 꿈 한 덩이
건지러 오시게

명화

가율이 다섯 살 샘밭유치원 때
그린 2000년대 사실주의 동심 걸작
사랑하는 이모 엄마(생일 선물)
볼 때마다 가슴 참 따뜻해지는
모나리자 뺨치는 명화지

삼등신 예쁜 얼굴이
대빵 강조된 전신상으로
긴 속눈썹에 빨간 루비 귀고리
빨강 치마 노랑 블라우스
바람 따라 한들거릴 것 같은
앞이마 가지런한 애교머리

고사리밥 같은 손으로
크레용 꼬옥 잡고 그린
이제 두 번 다시 못 그리고
다시는 받을 수 없는 알사탕 같은 사랑
가을아 사랑해, 삼십 대 장미 같은 얼굴로

그림 속 이모 엄마 오늘도 또렷이 눈으로 말하지

그린 마음 그 마음
어디 가면 찾을 수 있을까
샘밭유치원 그 책상 서랍 속에
그 크레파스 아직도 머리 맞추고
나란히 누워 그 마음 그 사랑 기억하고 있을까

다빈치 모나리자
사랑하는 이모 엄마
안 바꾸지, 바꾸자고
몇 날을 사정사정한다 해도
절대로 못 바꿔 주지
제 사랑 만나 올가을 시집가는 가율이
바꿔주어도 된다고 혹시 말해도

장마전선

전선은 관절에서 관절로 이어지며 전쟁을 예고했다

그러나 그 전선이 최전방 전쟁터라는 걸
눈치챈 사람은 아무도 없었다
철모 쓴 초병도 총도 보이지 않았으므로
닭은 울고 누렁이는 꼬리를 흔들었다

주름 깊은 성황목을 앞세운 마을은
퍼붓듯 내리는 꼬리 긴 장맛비를 웅크린 채 맞으며
지나가는 말로 투덜대고 있을 뿐이었다

마을을 감싸안고 돌던 나지막한 산비탈이
애호박을 썰어 말리면 하얗게 웃음을 쏟던 너럭바위가
한밤중 예고도 없이 마을을 기습하여 덮치리라는 걸
흙 묻은 군홧발로 안방까지 침입하리란 걸
마을은 죽어서도 알 수 없었다

굴착기를 들이대 산허리를 잘라내고

두렁을 소각하고 제초제를 투척하고
먼저 도발한 건 나인데

꽃 같던 마을은 떨어져 어디로 흘러갔는가
전사자의 묘비명에는 어떤 문명의 언어를 음각하여
위로하여야 하는가

포탄은 같은 탄착지에
두 번 떨어지지 않는다는 속설을 믿으며
뒷산의 내상을 치료하는 사람들

삐걱거리는 관절을 재조립한다
꽃과 나비, 새소리, 물소리를
마을로 불러들이는 중이다

문명의 민낯은 점령군처럼 검다

그 여자

유월 제단 목탁 같은 여자
연분홍 치마 같은 여자
스위치를 누르면 샹들리에 불이 켜지는 여자
웃음 샘 눈물샘이 뒤바뀐 여자

당진 여자를 만나리라*
주소도 없이 무작정 당진으로 떠난 여자
그래, 남자란 여자가 그렇게 사랑해야 하는 거지
당진 화력발전소가 보이는 언덕에서
말없이 서로 보며 후후 웃고 싶었던 여자

바다에 닿으면 바다가 되고
호수에 닿으면 호수가 되는
활화산처럼 용암이 끓어오르고
휴화산처럼 고요해지는
배터리가 금방 나가는 여자

그 여자

유행가 가사처럼 사랑하고
클래식처럼 율곡을 낳고 싶었던 여자
친구의 생 소설을 읽고 아파하며
뚝뚝 눈물짓는 여자

불같은 물 같은 여우 같은 여자
가난한 시인을 사랑하고
간밤 꿈 이야기를 나누며
하루처럼 한 생을 살다 가고 싶은 여자
아, 바람꽃 같은 그 여자

* 장정일 시 「충남 당진 여자」에서.

제3부
나무의 길, 사람의 길

무상

범람하던
여름 소리들
다 어디로
흘러갔는가

가을 밤비
걷는 듯 뛰는 듯
이 별도 없는 밤
또 어디로 가는가

젓고 또 젓는 것은
바깥 아닌 가슴
떠가는 곳은 끝 모를 저곳

가슴안
맘 소리들
살아 있음으로
끊임없이 흘러간다

감. 11월

손님들
떠난 빈 하늘
마침표를 찍고 있다

감.
감.
감.

그리고
또
......

남은 것도 모두
제 갈 길로
갈 거라는 듯이

신호등을
켜듯이

국화꽃 안부를 묻는다

손바닥만 한 내 뒤 뜰
가을꽃들 소박한 잔치 벌였다
분홍이랄까 옥색이랄까
가을을 입고 있는 범꼬리풀꽃
고향 이웃 누나 얼굴 하나둘 깨워 내는 백일홍
고려청자 국화병 문을 열어
하늘에 낮별로 뜨는 취나물꽃
누가 뭐래도 가을의 마음이지
옹기종기 모여선 코스모스

열매 다 내주고 한해 일 끝낸 포도 덩굴
볕 속에 가만히 몸 담그고
콧노래로 노천욕을 즐긴다

십 년 아니 십오 년 조상 벌초도 드물던
구순 되신 둘째 작은아버지
북어 같은 얼굴로 찾아오셔서
너도 이제 늙었구나 늙었구나 낙엽처럼 바스락거리다

빈 하늘에 그리운 길 하나 지우고 가셨다

가을은 가을이라고
가슴 속 흐르는 물줄기
이곳저곳 정情의 깊이를 재며 흐르다가
머리 흔들고 발길을 돌린다

흰 이슬 서늘한 이 새벽 뒤뜰은
내 살아온 날들의 허물을 씻는 세례장
부디 겉과 속이 하나 되어
비닐 천막처럼 투명한 삶이 되길
마음 한 점에도 욕심의 그늘 들지 않길

뒤뜰 툇마루에 시간을 떼어 놓고
꽃들 사이에 슬며시 끼어 앉아
참이슬 한 잔을 받아 들며
국화꽃 안부를 묻는다

처서

이제, 축제는 모두 끝났다고
말하지 마십시오

가을 철새가 깊어진 하늘길로
날개를 저어 돌아오면 마음이
더 넓어진 호수 가슴을 열어
하늘과 물새를 끌어안고
푸른 물 갈대 붓을 세워
궁서체로 밤새워 손 편지를 쓸 것입니다

달빛은 강물을 따라가며 춤추고
풀벌레 찬 이슬에 어깨가 젖어도
사랑 노래 초원에 출렁이면
갈꽃들 흔들리며 잠들지 못하겠죠

이제, 돌아가야 할 시간이라고
그렇게도 말하지 마십시오

살은 살끼리 뼈는 뼈끼리
부딪치며 돌아가라 하시고
가슴만 남겨서 가슴끼리 사랑하게 하십시오
오직 사랑이 목숨이고
목숨이 사랑인 사랑만이 존재인 줄
깨닫게 해주십시오

나무는 입을 하나씩 버리고
길이 보이는 모든 창문을 닫아도
가을꽃은 저 언덕과 휘파람을 사랑한다고
가을의 언어로 속삭이겠죠

말해 주십시오
잔치는 열려 취한 꿈 깨어날 일 없고
사랑으로 가는 길은 끝이 없으니
이별은 사랑의 끝이 아니라고
바람이 하나씩 문을 닫고 돌아가는 이 저녁에도

나무의 눈물

비 오는 날
낙엽들이
아스팔트에
이마를 찧는다

안고 먹여 길러준
어미의 사랑

제 몸 드려
모시지 못하는 죄로
이리저리 헤매며
울며 뒹군다

오십여 년
이 골목 저 골목
떠도는 나도
낙엽처럼 어머님
몸 드려 모신 적 없어

찬비 맞는 가로수

어머니 모습 같아서

젖어 구르는 낙엽

차마 밟지 못한다

간이 정류장

무심로 54번지
온정리와 섶다리 사이
자동차 물처럼 흐르는 2차선
잊힌 사랑 같은 공중전화를 휴대하고
속마음까지 다 열어 놓은 채
나는 당신을 서서 기다립니다

넓은 들 내려다보는 쌍 은행나무
그 겨드랑이 아래 드릴 체온은 없어도
당신의 지친 다리를 위해
나 엎드려 등을 드립니다
당신의 무거운 짐 다 내려놓으시고
잠시 들바람 되어 저 들을 걸으십시오

기도가 있어도 기도가 없어도
정한 시간, 정한 노선 따라
버스는 올 것입니다
공중전화에 동전을 넣고 돌리시면

이십 세기 두고 온 당신의 사랑이
그때 목소리로 응답할 것입니다

민들레 꿈의 날개를 펴고
은행나무 금빛 언약이 있는
그곳에서 나는 당신을 기다립니다
당신이 와서 금방 떠난다 해도
나는 당신의 체온을 오래 기억할 것입니다

당신의 뒷모습 어깨 너머로
무릎 접은 노을이 손을 모읍니다
나는 항상 간이 정류장처럼
시로 오실 당신을 오늘도 기다립니다

귀로 사는 의자

나는 의암衣巖호 오솔길 옆 의자
언제나 일어서는 날 없이
무릎을 굽혀 반만 앉은 자세로
당신을 기다립니다

당신이 와서 호수를 향해 앉으면
나는 가슴으로 당신의 등을 품습니다
여러분이 입으로 말하고 숨 쉬며 살듯
나는 귀로 듣고 사랑하며 삽니다
누군가 내게로 와서 이야기하면
나는 호수처럼 귀를 기울이고 듣습니다

산목련 아침이슬로 피던 사랑을 듣습니다
외로움 떨며 눈물 삼키던 밤을 듣습니다
착한 이야기는 가슴으로 듣습니다
험담은 바람과 물소리로 귀를 씻습니다

봄이면 가슴 가득 꽃 피어나고

벌거벗은 여름의 욕망과 유혹
풀벌레 심포니 연주에 젖는 가을밤
불빛 정다운 저 강 건너 마을에선
누군가 당신을 부르며 기다리고 있는데

찬 무릎으로 떨어지는 빛바랜 엽서에도
내 가슴 아직도 이렇게 저리는데
오늘 사랑들은 도대체 어디가 고장입니까

고장 난 시대 고장 난 사랑
그래도 난 비가 오나 눈이 오나
당신을 기다리고 들어주고 사랑하는
공지천 호숫가, 귀로 시는 긴 의자입니다

복자기 단풍

십오여 년 전
세 살짜리 복자기나무 한 주 사다가
중년 느릅나무 곁에 심었다

큰 나무 북쪽이라 남쪽 볕은 어려워도
동쪽 서쪽은 트였으니 잘 자라겠지 믿었는데
느릅나무 텃세에 눈치 빛도 못 얻어먹는지
자라는 모습도 단풍도 보이지 않아
나도 잊고 저도 잊고 인연 끊고 살았다

올봄 아내가 뜬금없이
집 앞에 큰 나무가 있으면
대주의 기가 눌린다고
이웃에게 부탁해
느릅나무 두 주를 베었다

나무를 베어
대주의 기는 알 수 없지만
올가을 벤 나무 자리 옆

복자기나무 기가 살아나서
플라멩코 추는 에스파냐 여인처럼
온통 빨간 드레스를 처음 입었다

이십여 년 세월
빛 한번 피워보지 못하고
가을이면 얼마나 많은 안타까움으로
큰 나무 밑 눈물 같은 푸른 잎새 떨구었을까

이 땅을 걸어간 얼마나 많은 발자국들이
큰 발자국 밑에서 지워졌을까
별처럼 많은 한 생의 가슴 속 노래들이
시절 유행가에 묻혀 스러졌을까

밭 가 키 큰 수수 몇 대궁
미사포 쓴 수녀처럼 하늘만 닦고 있는 시간
이웃 코스모스 복자기와 눈을 맞추며
한 생의 기쁨과 슬픔을 서로 묻는다

산골 우체통

산골 외딴집 대문 앞 우체통은
빚진 사람처럼 고개 숙이고
늘 어깨 처진 채 서서 있다

주인에게 사랑한다는 말은 아니어도
하다못해 만수무강하시라는
입 끝에서 나온 인사말이라도
전해져야 낯이 서는데

집배원이 물려주고 가는 것은
전기 세금 카드 빚 그리고
경고문만 보너스로 붙는
딱지 뗀 고지서

한때는
박하사탕 같은 그리움 안고
들켜서 버려질까
가슴 졸이며 설렌 적 있었는데

전염병 같은
메일 카톡 페이스북 서슬에 밀려
맡은 일은 모두 돈 달라는 심부름뿐

그래도 기다림과 그리움만
꿈꾸며 사는 우체통은
빚진 죄인 같은 마음이라도
제 버릇 버릴 수는 없어서

가끔씩 고개 들고 눈을 떠
숨겨진 오솔길로
문득 돌아올 것만 같은
어린 왕자를 찾는다

덧발

덧발에 힘주고 섰던 생곡리 옥수수
허리가 꺾였다

뿌리가 이삼 층인 옥수수는
엄마처럼 든든하다

사다리차 보조 발 같은 허공의 뿌리를
땅 위로 뻗은 덧발
세상의 선 것들 다 넘어져도
아이 업은 어미는 절대로 넘어져선 안 된다고
입 꼭 다물고 발끝을 세워
바람을 가르는 서슬 푸른 의지

그 의지가
어디선가 집단으로 넘어졌다는
소문 들은 적이 있는가
가을 풀벌레처럼 서걱이며 우는 소리를
들은 적 있는가

어느 어미의 사랑이 땅속 아닌
허공으로 뿌리를 덧뻗어
절대로 넘어지지 않는 길 열었는가
자식 일에는
눈에 활활 불이 붙는 수도 있다고
맹수 같은 비바람도 올 테면 오라고
덧발에 단단히 힘을 주던 생곡리 옥수수
치아 가지런한 옥수수를 길러냈다

마른 잎 서걱이다 쓰러진 옥수숫대
덧발은 움켜쥔 흙을 놓지 않는다
흙과 함께 삭아갈 뿐이다

물걸리

산봉우리 사이
하늘이 텃밭보다 조금 더 넓은
봉우리들 끼리끼리 정도 깊어
어깨 푼 적 없는 물걸리

구름이 제 갈 길을 가다
산에 걸터앉아 말을 거는
동네 사람들 뒷산 뻐꾸기보다
말수 적은 물걸리

맘 넓은 사람은 넓은 대로
맘 좁은 사람은 좁은 대로
담쌓지 않고 살아가는
누가 와도 가도
호수에 조약돌 떨어진 듯
동그라미 몇 개 그리다
금방 고요해지는 물걸리

논밭보다도
사람들 옷 바꿔 입는 일 드문
살고 죽는 일 꽃 피고 잎 지는 일
산새들 노래에 실려 사철 흘러가는 물걸리

물노래 한 자락
계곡에 걸어 놓고
매일매일 목청 더 좋게 부르는 물걸리
洞口 마을 문패 앞 흐르는 세월도
발이 걸려서 한참씩 서 있다 가는

먼 저 하늘 아래
꿈꾸는 땅 물걸리

절골

도시가 풀어 놓은 사람들이
외나무다리 같은 길을 건너왔다
해발 700m 산 어깨 구름의 바깥마당쯤
새 둥지 같은 집을 얽고
버리지 못한 짐 풀어놓고 산다

풍경이 적막을 잠을 때마다
듣던 새소리 끄고 가부좌를 트는 집
세월 흐르든 멈추든, 세월 밖 사는 듯
스님도 도사도 대수로운 것 없어
새털구름 같은 절골 사람들

더 많이 먹고 더 많이 가져라
더 좋은 집에 살아라
욕망이 욕망의 등 떠미는 세상
적게 먹고 적게 갖고 작게 사는 사람들

다 모자라 사는 것 하류라도
종일 해의 과녁이 되어

나무가 바람을 씻기고
산이 물을 닦아 돌려보내는
이 깨끗함의 상류, 씻기고 닦은 것
도시로 부치고 싶은 절골 사람들

시간이 날개를 접고 수탉이 종을 쳐서
천년의 잠을 깨우는 절골
오고 가는 사람 산짐승 발길보다 드물어도
길을 붙잡고 길 내려놓은 적 없어
길이 끝난 곳 스스로 길이 되어
문 열면 안과 밖 모두 길이 되는
절골 집, 절골 사람들

절이 없어도 십자가가 없어도
모두 스님처럼 신부처럼 삶에 무릎 꿇고
하루하루 절하며 절처럼 살아가는

하늘 아래 첫 동네 첫눈 제일 먼저 맞는 마을

아내의 저녁

당구장 가면 내가 아이유란다
콩 심는 일 끝내고 낮잠을 즐기는 오후
아이유라 주장하는 아내 친구의 전화다

짝다리 떨고 어깨 거들먹대던 가락으로 차렸다는
뒷골목 아리랑 당구장
찾는 손님들 고희 넘긴 손님들뿐인데
오가는 말투는 이십 대들 같단다

남자들 당구대 위에 실없이 흘리는 말들
쓰리 쿠션으로 척척 받아치고
믹스커피에 얼음 띄워
한 잔씩 돌려주면
당구장 환하게 주름살 펴고
큐 소리 따악 딱 할배들 눈빛 청춘이라

불러주나 안 불러주나 내가 아이유지
아이유 서울 가 찾을 거 하나 없다고

할배들 마른 칭찬에 고인 침 거덜 내지

골목길 끝 그 당구장에 가면
얼굴에 버섯꽃 피는 철없는 백춘
하모니카 뒷주머니에 꽂고
손 흔들 것 같은 풍경 하나
젊은 날 창가에 푸르게 걸어 놓고

수화기 앞에 앉아 시간을 잊는 아내의 저녁

낙엽의 길

잎을 버리는 것이
나무의 의도라면
곱게 물드는 것은
잎의 의도일 거야

푸르뎅뎅한 작업복 한 벌로
쉬는 날도 없이 일만 하다
비로소 얻는 꿈 꾸던 이 자유
작업복으로 떠나긴 슬펐을 거야

일이 끝나면 떠나야 하는 것
낙엽과 별똥별 사이
떨어지는 모든 것들은
우연일까 필연일까
우연이라면 필연이라면
우연과 필연 사이 칸은 있을까

그리움의 길을 걸어

낙엽이 간다
바람의 어깨를 토닥이며
기도처럼 낙엽이 진다

머무름과 떠남이
모두 꽃길이라고
꽃이 걸어간 그 길을 따라

뉘엿뉘엿 낙엽이 떠난다

별에 사다리를 거는 밤

바닷빛 어둠을 융단처럼 깔고
밤의 알 같은 별, 보석 꽃밭 같은 밤

밤눈이 있어 별의 속마음도
볼 수 있을 것 같은 밤나무는
별 아기 같은 밤송이들
가지마다 뿌린 듯 달고
미풍에 무거운 몸을 기댄 채
별을 보며 태교를 한다

어둡고 어둡기만 한 세상, 그래서
별이 저렇게 반짝일 수 있다는 것은
깜깜한 내일을 기다리는 것들의 복음
모든 소망들 별에 사다리를 거는 밤
별은 열매마다 꿈을 물리고
이 밤, 골 물소리만 저 홀로
밤길을 걸어 또 어디로 떠나가는가

손 모은 나무들 잠들지 못하고
배 속 자식 꿈 짓으로 설레는 밤
별만 올려다보는 밤나무같이
어미 맘 같은 생각들로 한 계절 흔들리면
밤송이처럼 생각의 솔기 터지고
어미의 꿈 담긴, 초콜릿색 밤톨 같은 말씀
몇 톨이라도 세상에 떨굴 수 있을지 몰라

후드득후드득 햇살을 맞으며
밤 생각들 파랗게 싹터서
세상을 안는 큰 그늘로 자랄지 몰라

아득한 별을 올려다보며
반짝이는 별 생각을 묻는다
이렇게 뿌리도 없이 지구별 겉도는
깜깜한 밤 속에 서 있는 나는

사과와 장미

장미와 사과
가계도를 따라 올라가면
장미목 장미과
한성바지다

장미씨 한 성으로 출발했어도
태어난 곳 따라
다른 길 다른 모습으로 살아서
장미씨로 사과씨로
각성바지 남처럼 되었다

꽃의 길만 걸어간 장미
열매의 길만 걸어간 사과
네온 꽃향기에 취한 도시의 장미
달빛에 꿈이 젖는 전원의 사과

서로의 현주소는 멀어도
이 세상 어딘가에

장미는 사과가 살고 있어서 속마음 푸르고
사과는 장미가 살고 있어서 열매가 빨갛다

이 가을
장미는 꿈결인 듯 바람 속으로 떠나고
사과나무, 딸린 식구에 어깨가 휘어도
양 볼에 살 토실한 자식들 보며
구름 없는 하늘 아래 저 홀로 행복하다

달의 뒤뜰에 감빛 꿈을 심는다

달은 마음을 깨트리는 유혹
가만히 창문 너머로 눈길을 준다
달맞이꽃 같던 과수원집 소녀
탱자나무가 켜 든 노란 금지
따면 안 돼, 딸 수 없어
너는 사랑이 그리움으로 익는 걸
더 기다리며 가야 돼

이리로 와, 은가루를 뿌려줄까
너는 실개천, 대지에 가슴을 대고 흘러 봐
봄밤 들장미 가득 안은 수줍은 초원에
산그늘 뒤로 숨는 초저녁 어린 별들
뒤뜰에 가면 장독대 뒤, 숨어 있는 그 여자애는
지금도 분홍치마 꼭꼭 숨죽이고 있을 거야

너도나도 시간도 젖어 흐르는 밤
산을 넘고 들을 건너가는 나는 노래야
가슴에서 가슴으로 흐르는 강물이야

꽃마다 이름 불러주고 가는 나는 방랑자야

나는 호수야
바람의 손끝에서 톡, 엽서 한 장 떨어져도
금빛 노래 찰랑거리는 LP판이야
귀 기울여 듣는 말수 적은 갈대꽃
세상의 귀는 모든 노래들을 위해
문을 둥글게 열어 놓았지

달 마음속, 달이 되어 간다
우물 몇 개 비밀처럼 품고 있는
타클라마칸 사막 별꽃 피는 저 모래언덕
멀고 먼 톈산, 터벅터벅 홀로 걸어간다

발자국 유성같이 찍고 가는
나는 귀 부드러운 달 속의 낙타
달의 뒤뜰에 감빛 꿈을 묻는다

고지전

어머니
오늘로 21살이 된 새파란 저는
아직 천국에 오르지 못했습니다
대신 지옥에서 폭탄 먼지를 뒤집어쓰고
수류탄을 투척하고, M1의 방아쇠를 당기며
고지를 야수처럼 기어오르고 있습니다

귀는 폿소리 총소리 따라 멀어지고
눈깔이 뒤집히고 넋이 나간 나는
찢긴 사지, 터진 창자에서 나오는
전우의 비명소리를 밟고
피로 낯을 씻고 씻으며 총신처럼 달궈져 죽여야 산다고
총을 내갈기며 전진하고 있습니다

어머니
당신은 나가서 남들과 싸우지 말라 하셨지요
어느 천벌 받을 놈들이 오천 년 한 터에
삼팔따라지 같은 경계선을 그어

안방과 건넌방 사이를 갈라놓고
총칼을 쥐여주고 형제끼리 이렇게 싸움을 시키는 겁니까

어머니, 목숨 걸고 올라온 고지에는
풀 한 포기, 개미 한 마리 목숨 부지한 것 없습니다
빨래처럼 널려 쌓여 있는 것은
아들, 손자, 남편, 아버지의 주검 주검들
이미 사막이 된 제 목구멍에
누군가 자꾸 숯불을 붓습니다

국군들 터질 것 같던 오줌 갈긴 이 고지에
내일 밤은 또 인민군이 피를 뿌리며 올라와서
또 오줌을 갈길 것입니다
역사는 어리석은 사내놈들 오줌 줄기를 타고 흐르나 봅니다

어머니
일본 항복 받는 전쟁에 한 일이 없는 죄로
한반도 민족 통일은 남의 일처럼 되었는데

어떤 얼빠진 놈의 손모가지가
이 전쟁판 스위치를 눌렀단 말입니까
전쟁은 오늘 끝난다고 내일 끝난다고
뜬소문으로 우리를 죽이고 다시 죽입니다

어머니 피로 씻은 이 고지에
또 지옥의 하루가 충혈된 눈을 부릅뜹니다
내일 아침에는 제가 천국에 가있을는지요
그곳엔 죽임도 죽음도 환장할 뻐라도
목 타는 바램도 보고픔도 더 이상은 없겠지요

잠들면 매일 고향집으로 달려갑니다
그러나 어머니
내 생전 처음 목에 건 이 양철 목걸이가
미리 깎아 놓은 내 손발톱 머리카락이
당신을 찾아가지 않길 빌고 또 빕니다

어머니 그럼 오늘도 안녕히 계십시오

제4부
뭐 하려고 살고 죽는 일은 벌어서

빙어

억만년
얼음으로

무지갯빛
꿈속에나
있을 일이지

뭐 하려고
살고 죽는 일은 벌어서

등골도 가슴 속도
내장까지 다 내보이며

당신보다 잘못한 거 뭐냐고

주먹 꼭 쥐고
파르르 떨고 있나

외할머니

봉선화와 반딧불, 삼국지와 구운몽을
사랑하시던 키 작은 외할머니는
충청도 산골, 별도 달도 바람도
산도 나무도 모두 죄 없던 시절
등잔불처럼 살다 가셨지요

저승 가는 길 밝게 비춘다고 해마다
갈퀴 같던 열 손가락 손톱마다
꽃등 켜듯 봉선화 물들이시던 할머니

우물가에 반딧불 반짝이면
열한 살 시집가던 날
가마에서 서서 나오던 열 살 꼬마 신랑
어린 게 뭘 안다고, 쳐다도 못 보았다고
말씀하고 또 하시던 할머니
멍석 위 호박꽃 같던 식구들
모깃불, 군감자, 할머니 부채 바람
나는 늘 은하수에 빠졌죠

할머니
그 시절 시골 인심 목화솜 같았지요
뭉게구름 목화밭에 떨어지면
시골 아줌마 웃음 같은 목화꽃 피어났지요
앞치마 가득 가을볕 속 구름을 따던
목화송이보다 더 새하얗던 우리 할머니

초가지붕, 발소리도 없이 눈 오는 밤
댓돌 위 검정 고무신 속에
눈이 발을 넣고 귀를 기울이면
할머니 삼국지 이야기
귀신같은 제갈량, 의심 많은 조조
화룡도 관운장 이야기에 긴 밤이 짧고

이야기 너무 좋아하면 가난해진다더라
지금도 그 말씀 귓가에 생생한데
그래서 그게 그런가 봐요

그래도 평생 꿈 가난은 없었어요, 할머니

밤하늘 별똥별 성호 긋는
어느 깊은 산골 초가집 장독대 곁에
봉선화 철 맞춰 피었다 지고
풍경 같은 돌감도 까치가 거둬 가면
눈 오는 밤 어린 손자와 할머니 이야기
지금도 도란도란 창밖에 쌓이고 있겠죠

동치미 국물에 국수 말아 허기도 달래면서
거북이걸음으로 겨울밤은 그렇게 흐를 거예요
꼭 그럴 거예요, 할머니

글 쓰는 나무

나무는
잎사귀마다
입을 달고 문장을 키운다
바람이 구술하는 나무의 언어
가지와 가지 사이 페이지마다
애벌레의 길, 봄의 꿈이 잠든다

숲 대장간은 문장의 거푸집
초록 문장들 초록의 불평을 누르며
머리를 두드리고 등을 때리던
천둥소리, 몸을 식히던 차가운 빗줄기
페이지마다 끓어지던 아픈 문장들
책을 열면 우수수 날아가던 푸른 입 새들

그래 수고했다
충혈된 나무의 눈 불어주는 찬 입김
이제 나무는 문장을 버리고
가을꽃들마저 입을 닫으면

나무는 빈손이 되어
책장 덮으며 눈을 감는다

미완의 문장들 얼어붙는
저기, 나무들 잠든 먼 새벽 숲
차곡차곡 눈이 내리면
책장 넘기던 물소리 스스로 깊어지고
행간 같은 새하얀 눈길
새 책 열듯 눈 뜨겠다

용대리 먹태

엘리 엘리 라마 사박다니

더 이상 굴릴 곳 없는
검은 동그라미 두 개
나팔처럼 열려 있는 입
가슴조차 열어 다 비워냈으므로
이제 온전히 사랑 속에 매달려 있다

배를 가르고 십자가에 달아
충분히 잔혹했으므로
온전히 용서받은 날이라고 기록해도 되겠다

목수가 땅땅 못을 박을 때
손바닥을 펴 내밀던 나무의 속죄
부디 죄 많은 이 생명들도 다 용서하소서
그러나 당신의 뜻대로 하소서
북풍이 창을 세우고 읽어주는 기도문

눈을 크게 뜬 북풍이 씻기고 또 씻길
시베리아 들판의 세례식
고드름같이 벼려지는 각오
거기 후회와 용서가 있었으므로
눈물 같은 빛의 은혜가 고인다

이제 남은 건 이 몸 하나
세상에 드리는
마지막 선물이라고
하늘로 한껏 입 벌리고
입 맞춰 터트리는

천둥소리 같은 비명
사랑!

할미꽃

할미꽃이
장미꽃보다 고울 수 있다는 거
오늘 나 처음 알았네

면 소재지 사랑방 같은 내과
진료 끝난 대기실 운지버섯 핀 고목나무
무딘 귀에 입대고 소변 어떠시냐
할머니 고운 미소로 묻고 또 물으시며
영양제 한 병 드셔야 이 겨울 또 버티실 수 있다고
손 꼭 붙잡고 주사실로 가신다

아흔둘, 여든아홉
사람과 사람이 만나
꽃씨를 뿌리고 스스로 꽃으로 피어 산 시간들
70여 년 거기 사랑이 둥지를 틀었고
그 사랑 정상체온으로 오늘도 뛰고 있네

그렇지, 우리네 인생

그래도 한 번 살아볼 만한 거지
저 혼자 고개 끄덕거렸네
황토방 아랫목처럼
가슴 온종일 따듯했네

홀로 가는 길

도시의 햇볕도 피해 가는
지폐 같은 골목길 단칸 셋방
유모차를 달팽이처럼
밀고 다니던 하얀 할머니 한 분
송곳 같은 겨울
일월표 옥매트 위에 자는 듯 지는 듯
홀로 옷을 벗어 놓았다

아비를 게임처럼
몽둥이로 때려눕힌 아들과
아이를 동태처럼 얼려 죽인 어미의 뉴스
작별 인사로 들으며
이제는 말았던 허리 쭉 펴고
잠든 산동네 훨훨 한 바퀴 돌고
한 계단 한 계단 가벼운 걸음으로
저 언덕을 넘어가셨다

그사이 많이 정들었던

골목길은 알아서 밤새 하얗게 소복을 입고
어제처럼 태양이 손바닥만 한 창문으로
넘겨다보며 무심히 인사를 건네고 갔다

할머니의 방은
언제나처럼 TV가 혼자 이야기하고 있었으므로
전기고지서도 그러려니 문틈으로 손을 벌리고
사람들도 그러려니 분주하게 제 시간만 깎았다

가난한 이웃들도
할머니의 무심한 자식들도
할머니의 부재를 묻는 사람은 아무도 없었다
혼자 남은 할머니 옷 한 벌
조금씩 슬픔을 버리고
스스로 평화로움에 들 때까지

저 남자

노을을 사랑하는 저 남자
노을이 되고 싶은 저 남자
노을 속에 선 미루나무처럼
그림자도 그리움도 자신도 뉘어놓고
물감처럼 하늘로 풀어지고 싶은 저 남자

해가 지면 집으로 돌아갈
시간임을 아는 저 남자
노래하며 휘파람 불며
고향의 별 돋는 둑길을 따라
돌아가고 싶은 저 남자

노을 끝 동편 먼 산머리로
등대 같은 별 하나둘 켜질 때
심지에 불이 켜지는 저 남자
쓰던 원고지에 만년필 놓고
돌아올 것처럼 떠나고 싶은 저 남자

안개 낀 어촌, 나란히 잠든 고깃배
그 머리맡으로 천천히 걸어가서
매인 고삐 풀어 주며 이마 쓸어 주고
하얀 등대에 기대 파도 소리 맞춰
어깨 들썩이며 춤추고 싶은 남자 저 남자

언제고 돌아갈 준비도
여행 가방도 없이 빈 몸 하나
초사흘 달처럼
돛폭 없는 배 저문 강에 띄우고
한 무대 연극 한 편 잘 보았다고
웃으면서 흘러가고 싶은 저 남자

이 사람과 저 사람 사이
매여 있던 끈 예전에 다 풀어 놓고
걸어 온 제 발자국마저 모두 지우고

가을 뒷모습

가을이면
뒷모습들
마음에 와 걸린다

인적 드문 간이역
어두운 얼굴로 떠나는 기차
한 잎 두 잎
손 털고 돌아서는
떡갈나무 빈 어깨

그 사람 떠난 뒤
벽에 걸려 있던
생활 묻은 옷 한 벌
누군가 흔들고 가는
낮 한 시의 종소리
박제되어 웃고 있는
앨범 속 노란 시간들

떠나간 것의 뒷모습은 그렇게
마음에 와 밟히며 선명해지는데
제 뒷모습은 낯이 설어서
우린 평생 후회를 끌어안고 산다
그까짓 것이 다 뭐라고 서로의
가슴에 못을 박으며 산다

가을이면
저 들판 가득 고개 숙인 뒷모습들
그 머리 위로 신의 축복처럼
바람의 손길이 가볍다

허수아비 빈 어깨 넘어
먼 산등 위로 노을은 피었다 진다

앵강만 풍경

남해 땅끝 바다 이동으로 흘러들어
신전, 원천 있고 화계 흐르지
금산이 보리암을 안고
처마 끝 풍경 같은 마을
팔 벌려 바다를 껴안은 앵강만

하루 두 번, 보리암에서 버려진 욕망들
하얀 드레스 자락 끌고 바다로 가서
바다에 안기는 앵강만

아침이면, 고깃배 바다로 나가
펄떡이는 푸른 욕망들 배부르게 안고 돌아와
처자식 고픈 속 채워주는 앵강만

노도에는 전설이 살지
고기잡이 나간 총각은 언제 돌아오나
기다리던 처녀는 금산에 올라
상사바위 되어 오늘도 기다리는데

파장 후 돌아가는 장꾼들처럼
노을 지면 거나한 얼굴 들어 별 맞는 해송들
날물에 펄밭 걷던 맨발
들물에 씻고 돌아가는 달과 별

달과 별 발자국마다 동죽이 집을 짓고
신전 사람들 신의 곡식을 캐지
바다를 안아 행복하고 땅에 안겨 평화로워라

저 바다, 온다 간다 약속 어긴 일 없고
사람들 철석같은 믿음 버린 일 없어
밤낮 파랗게 책을 펴 놓고
찰나 찰나 억년의 독경 소리

보리암 귀 기울여 듣고 있는
그 앞, 저 낮은 바다 앵강만

구본결의 시세계

이름 없는 풀처럼,
느리게 사랑하는 존재의 시

송연숙

(시인)

　세상은 빠름을 능력이라 부르고, 명패를 성공이라 말한다. 눈에 띄지 않는 것들은 쉬이 지워지고, 느린 것들은 뒤처졌다고 말한다. 에리히 프롬의 말을 빌리자면 "현대의 소비자들은 다음과 같은 공식으로 자신을 확인하는 것이다. '나는 존재한다 = 나는 소유한다' 및 '나는 소비한다.'"[1)]

　그러나 구본결 시인은 그 반대편에서 시를 쓴다. 그는 이름 없는 들풀을 닮았다. 그 풀은 누군가의 눈에 들기 위해 서둘러

---

1) 박찬국, 『에리히 프롬의 소유냐 존재냐 읽기』, 세창출판사, p45.

피어나지도 않고, 세상에 자취를 남기기 위해 스스로를 과장하지도 않는다. 그저 제 자리에서 뿌리를 내리고, 바람과 해와 비와 별빛 속에서 조용히, 그러나 충만하게 살아간다.

『국화꽃 안부를 묻는다』는 이름 없는 풀처럼 살아가며, 다정한 시선으로 세상에 안부를 건네는 느림의 시학이자, 존재의 시학이다. 그 안부는 단순한 문안이 아니라, 존재가 존재를 살게 하는 방식이며, 사랑이 사랑을 기억하게 하는 문장이다.

구본결의 시는 급하지 않다. 그 말들은 서두르지 않고, 기다릴 줄 알며, 가난한 손끝으로 안부를 묻는다. 그 물음은 위로보다 깊고, 축복보다 단단하다. 그것은 존재가 존재에게 건네는 가장 오래된 위로이며, 사랑의 방식이다.

이 시집에 등장하는 민달팽이와 풀, 열매와 무덤, 나무와 철새, 모두가 이름 없이 살아가며 서로를 살게 한다. 그들은 다만 거기 있을 뿐이지만, 거기 있음이야말로 살아 있는 증거이고, 사랑의 가장 낮은, 그러나 가장 깊은 자리다.

구본결 시집에 등장하는 자연의 존재들은 인간의 속도를 모른다. 그러나 그 느릿함 안에서 타자의 숨소리를 듣고, 바람과 별빛, 빗방울과 잎사귀의 말에 귀 기울인다. 느림은 세상과 화해하는 시간이다. 구본결 시인의 시는 그 화해의 시간을 언어로 건넨다.

하이데거는 언어를 '존재의 집'이라 했지만, 구본결 시에서 언어는 집조차 벗어놓은 들풀이다. 이름 없는 그 풀의 속도로,

달팽이의 느린 더듬이로, 한 장씩 점자책을 더듬듯, 살며시 건네는 말들. 그 느린 말들은 우리에게 묻는다.

당신은 누구의 숨소리를 들으며 살아가고 있는가?

당신은 무엇을 살게 하고, 무엇으로 살고 있는가?

이 시집은 그 물음에 서두르지 않고 다시 답을 들려준다. 사랑으로 존재를 잇고 싶은 모든 이에게 들려주는, 말 없는 대답, 빠름이 아닌 느림으로, 이름이 아닌 관계로, 과시가 아닌 사랑으로, 존재를 살게 하는 시. 이것이 구본결 시인이 우리에게 들려주는 대답이다.

구본결의 언어는 번쩍이지 않는다. 그러나 그것은 긴 침묵 끝에 건네는 말처럼 마음 깊은 곳을 울리는 문장이다. 그의 시를 읽고 있으면 빠르게 소비되는 위로가 아니라, 따뜻한 달빛이 마음속에 서서히 스며들어 번지는 느낌이 든다.

1. 존재에 대한 자문과 품격-너는 오늘, 어떻게 존재하고 있는가?

> 손바닥만 한 내 뒤 뜰
> 가을꽃들 소박한 잔치 벌였다
> 분홍이랄까 옥색이랄까
> 가을을 입고 있는 범꼬리풀꽃
> 고향 이웃 누나 얼굴 하나둘 깨워 내는 백일홍
> 고려청자 국화병 문을 열어

하늘에 낯별로 뜨는 취나물꽃

누가 뭐래도 가을의 마음이지

옹기종기 모여선 코스모스

열매 다 내주고 한해 일 끝낸 포도 덩굴

볕 속에 가만히 몸 담그고

콧노래로 노천욕을 즐긴다

십 년 아니 십오 년 조상 벌초도 드물던

구순 되신 둘째 작은아버지

북어 같은 얼굴로 찾아오셔서

너도 이제 늙었구나 늙었구나 낙엽처럼 바스락거리다

빈 하늘에 그리운 길 하나 지우고 가셨다

가을은 가을이라고

가슴 속 흐르는 물줄기

이곳저곳 정情의 깊이를 재며 흐르다가

머리 흔들고 발길을 돌린다

흰 이슬 서늘한 이 새벽 뒤뜰은

내 살아온 날들의 허물을 씻는 세례장

부디 겉과 속이 하나 되어

비닐 천막처럼 투명한 삶이 되길
마음 한 점에도 욕심의 그늘 들지 않길

뒤뜰 툇마루에 시간을 떼어 놓고
꽃들 사이에 슬며시 끼어 앉아
참이슬 한 잔을 받아 들며
국화꽃 안부를 묻는다

—「국화꽃 안부를 묻는다」 전문

「국화꽃 안부를 묻는다」는 존재와 존재가 서로를 불러내는 방식에 대한 깊은 성찰이다. 이 시집에서 '안부'란 단순한 계절 인사가 아니라, 너는 거기에 잘 존재하고 있느냐는 존재론적 물음이다. 시인은 국화꽃에 말을 건네지만, 그 말은 국화꽃을 넘어서 세계와 생명, 인간과 자연, 삶과 죽음, 너와 나 모두를 향한다.

이 시의 철학적 지반은 불교에서 전하는 인다라망因陀羅網의 사유에 닿아 있다. "인다라망은 불교의 신적 존재 가운데 하나인 인드라Indra, 즉 제석천의 궁전 위에 끝없이 펼쳐진 그물을 가리킨다. 이 그물에는 보배 구슬이 달려 있고, 한 구슬은 다른 모든 구슬을 비춘다. 그 구슬은 동시에 다른 모든 구슬에 거듭 비춰지는 관계가 끝없이 펼쳐진다. 화엄교학에서는 인다라망의 구슬들이 서로서로 비추어 끝이 없는 것처럼 법계의 일체 현상도 끝없이 서로 관계를 맺으며 연기한 것이어서 서로 간에 아무런 장애가 없다고 설명한다. 인다라망의 비유는 법계의 일체 현상과 현상이 서로 방해함이 없이 교류·융합하는 세계임을 드러내는 가장 대표적인 비유이다."[2]

구본결 시인의 시에 등장하는 국화꽃, 백일홍, 취나물꽃, 포도 덩굴, 돌아가신 작은아버지, 낙엽, 이슬, 이 모든 것들은 고립된 개체가 아니다. 그것들은 서로를 비추고, 서로의 삶을 반사하며, 서로의 존재를 가능케 하는 하나의 그물망을 이룬다. 시인은 그 그물의 한 마디에서 말을 건네고, 안부를 묻는다. 그 안부는 나 아닌 타자의 생에 대한 깊은 경청이며, 타자의 생과 나의 생이 서로를 어떻게 이어주고 있는지를 확인하는 일이다.

하이데거는 존재를 '현존재(Dasein)'라 부르며, 존재가 세계 속에서 다른 존재들과 관계 맺는 방식을 사유했다. 그러나 구본결 시인의 시에서는 그 관계성이 동물과 식물, 사물과 인간을 가로질러 더 넓고 깊게 확장된다. 인다라망의 사유 속에서 존재는 홀로가 아닌, 그물망의 한 점으로서만 의미를 가진다. 그러므로 안부란, 단순한 문안이 아니라, 존재가 존재에게 자신이 살아 있음을, 너 또한 거기에 있음을 알려주는 방식이다.

그런 의미에서 이 시는 **빠름**과 **효율**, **목적**과 **소비**의 언어가

---

2) 한국민족문학대백과사전. https://encykorea.aks.ac.kr/Article/E0078347

아니다. 이 시는 느림의 미학 위에 서 있다. 열매를 다 내어주고 볕 속에 몸을 담그는 포도 덩굴처럼, 조상 벌초도 드물었던 작은아버지의 삶처럼, 이 시의 시간은 다급하지 않고 뿌리 깊고 투명하다.

> 흰 이슬 서늘한 이 새벽 뒤뜰은/ 내 살아온 날들의 허물을 씻는 세례장/ 부디 겉과 속이 하나 되어/ 비닐 천막처럼 투명한 삶이 되길/ 마음 한 점에도 욕심의 그늘 들지 않길

시인은 새벽 뒤뜰의 꽃들과 포도 덩굴에 자신을 비춰보고 허물을 씻어낸다. 그리고 부디 겉과 속이 하나 되어 투명하고 욕심 없는 삶을 살길 소망한다.

이 느림과 투명함은 가난하지만 도道를 즐기는 삶의 윤리이며, 욕망의 부풀림을 경계하고 비움을 통해 충만해지는 존재론적 태도다.

이 시는 묻는다.

당신은 오늘, 누구의 안부를 묻고 있는가?

그 물음은 결국, 당신은 오늘 어떻게 존재하고 있는가? 라는 자문이다.

안부는 관심과 사랑이다. 사랑은 존재가 존재에게 건네는 가장 오래된 말이다. 그리고 그 말은 끝없이 반사되고, 울림이 되어 돌아온다. 인다라망이 그러하듯이.

아내는 절대로 설득되질 않는다

홈쇼핑에서 명품 판매가 있을 때마다
나는 아내의 시선을 피해 슬그머니 서재로 들어간다

건강한 삶이 바로 명품이지 뭐가 더 있냐 해도
명품 백 하나 사면 10년이 명품 된다고
도리어 나를 설득한다

명품은 무슨 명품
이제는 여기저기 상처 난 그림자지
헛배만 부풀려진 천국, 그 허깨비지

광고에 시선을 떼지 않는 아내를 두고
그저 나는 돌아앉아 구시렁구시렁
명품 가방도 되지 못하는 시를 쓴다

가만히 내 가난을 쓰다듬는다

— 「명품 가방」 전문

이 시는 자조처럼 시작하지만, 끝내 웃음을 닮은 지혜로 마무리된다. 명품을 욕망하는 시대, 광고 속 반짝이는 백과 바코

드 뒤편에서 시인은 스스로를 "명품 가방도 되지 못하는 시를 쓰는 사람"이라 부른다. 그러나 이 자기 비하의 말투는 곧 역설이 된다. 그가 쓰는 시는 명품 가방보다 오래 남고, 명품보다 깊게 존재의 결을 붙잡는다.

명품이란 무엇인가. 빛나는 로고, 완벽하게 봉제된 선, 제한된 생산 수량으로 뿌려지는 희소성의 가치. 그러나 시인은 말한다.

> 명품은 무슨 명품/ 이제는 여기저기 상처 난 그림자지/ 헛배만 부풀려진 천국, 그 허깨비지

이 명료한 진술은 현대 소비사회의 욕망 구조를 꿰뚫는다. 우리는 물건에 이름값을 매기고, 그 값에 스스로의 존엄을 저당 잡힌다. 그러나 아무리 값비싼 가죽과 금속이라 해도, 그것이 욕망의 부풀림이라면, 곧 허깨비가 된다. 시인은 그 허깨비의 그림자에 눌리지 않고, 오히려 돌아앉아 궁시렁거리며 시를 쓴다. 그리고 그 시는 "명품"이 아니라 "가난을 쓰다듬는" 손의 일이다.

쓰다듬는다는 행위, 그것은 욕망을 미워하거나 부정하는 것이 아니다. 오히려 욕망에 연민을 건네며, 그 욕망에 잡아먹히지 않고 사는 방식이다. 여기서 가난은 존재의 품격이 된다. 허영과 과시의 욕망이 삶을 잠식할 때, 시인은 그 욕망을 바라

보는 시선을 조금 옆으로 돌리고, 그 틈새에 앉아 글을 쓴다. 장자는 "속세에 대한 지나친 집착은 자유로운 삶을 방해할 뿐이다. 창공을 유유히 날아다니는 새일지라도 힘에 부치는 거리나, 감당하기 힘든 무게는 추락만 재촉할 뿐이다. 자유의 당당함은 각자의 분수를 깨닫고 욕심을 덜어낼 때 비로소 생긴다."고 했다.[3] 에리히 프롬은 "인간이 자신이 소유하고자 하는 것과 자신을 동일시하면서 그것에 얽매이는 만큼, 달리 말하면 자신과 그 소유물을 동일시하는 그만큼 인간의 자유는 제약 당한다."[4]고 했다. 소비하지 않아도 존재할 수 있다는 믿음, 사지 않아도 충분히 아름다울 수 있다는 삶의 태도. 이것이 구본결 시인이 추구하는 참 자유가 아닌가 한다. 구본결 시인의 시는 바로 그 자리, "명품 가방도 되지 못하는 시"가 놓인 자리에서 빛난다.

진정한 명품이란 무엇인가?

삶의 가치는 어디에 있는가?

그 대답은 다만 이 한 줄에 있다.

"가만히 내 가난을 쓰다듬는다."

---

[3] 장자, 『장자, 자연속에서 찾은 자유의 세계』, 풀빛, 2012, 조수형 옮김, p16.
[4] 박찬국, 『에리히 프롬의 소유냐 존재냐 읽기』, 세창출판사, p70.

2. 존재론적 사랑과 순환 그리고 관계의 시학

이제, 축제는 모두 끝났다고
말하지 마십시오

가을 철새가 깊어진 하늘길로
날개를 저어 돌아오면 마음이
더 넓어진 호수 가슴을 열어
하늘과 물새를 끌어안고
푸른 물 갈대 붓을 세워
궁서체로 밤새워 손 편지를 쓸 것입니다

달빛은 강물을 따라가며 춤추고
풀벌레 찬 이슬에 어깨가 젖어도
사랑 노래 초원에 출렁이면
갈꽃들 흔들리며 잠들지 못하겠죠

이제, 돌아가야 할 시간이라고
그렇게도 말하지 마십시오

살은 살끼리 뼈는 뼈끼리
부딪치며 돌아가라 하시고

가슴만 남겨서 가슴끼리 사랑하게 하십시오
오직 사랑이 목숨이고
목숨이 사랑인 사랑만이 존재인 줄
깨닫게 해주십시오

나무는 입을 하나씩 버리고
길이 보이는 모든 창문을 닫아도
가을꽃은 저 언덕과 휘파람을 사랑한다고
가을의 언어로 속삭이겠죠

말해 주십시오
잔치는 열려 취한 꿈 깨어날 일 없고
사랑으로 가는 길은 끝이 없으니
이별은 사랑의 끝이 아니라고
바람이 하나씩 문을 닫고 돌아가는 이 저녁에도

―「처서」 전문

   이 시는 계절의 이행을 노래하는 시처럼 보이지만, 그 밑바닥에는 보다 근원적인 사유가 흐른다. 이 시의 중심은 자연의 변화도, 시간의 흐름도 아니다. 그것은 사랑이다. 그러나 이 사랑은 흔한 감정적 의미의 사랑이 아니다. 구본결의 시에서 사랑은 존재의 근본 조건이며, 존재를 존재하게 하는 방식 그 자체다.

하이데거는 "현존재가 세계 안에 존재한다(Ich bin in der Welt)는 것은 현존재가 '친숙한 세계 안에서 존재자들에 몰입하여 거주한다'는 것을 의미한다"[5]고 하였다. 존재는 타자를 통해, 타자 안에서, 타자와 더불어만 존재할 수 있다. 구본결 시인의 시는 그 관계적 존재의 자리에 '사랑'을 세운다. 존재가 존재하는 이유, 그 토대가 바로 사랑이라는 것이다.

가을은 단순히 수확의 계절이 아니다. 처서處暑, 더위가 멈추는 시기. 그러나 더위가 멈춘 자리에 곧바로 차가움이 오는 것이 아니다.

> 가을 철새가 깊어진 하늘길로/ 날개를 저어 돌아오면 마음이 / 더 넓어진 호수 가슴을 열어/ 하늘과 물새를 끌어안고/ 푸른 물 갈대 붓을 세워/ 궁서체로 밤새워 손 편지를 쓸 것입니다

철새들은 하늘을 가로질러 돌아오고, 갈꽃은 바람에 몸을 맡긴다. 추수가 끝났다고 축제가 끝난 것이 아니다. 수확은 끝이 아니라, 다시 나눔이 시작되는 자리다. 열매가 흩어지고, 씨앗은 묻힌다. 그 흩어짐이 곧 새로운 피어남의 약속이다. 이 시는 계절의 변화와 생명의 순환을 노래하면서, 그것을 단순

---

5) 박찬국, 『하이데거의 존재와 시간 읽기』, 세창출판사, 2014, p18.

한 자연의 흐름이 아니라 존재의 윤리로 끌어올린다.

> 살은 살들끼리 뼈는 뼈끼리/ 부딪치며 돌아가라 하시고/ 가슴만 남겨서 가슴끼리 사랑하게 하십시오/ 오직 사랑이 목숨이고/ 목숨이 사랑인 사랑만이 존재인 줄/ 깨닫게 해주십시오

여기서 사랑은 감정의 문제가 아니다. 사랑은 존재를 살아가게 하는 방식, 서로의 생명을 이어주는 인다라망因陀羅網과도 맞닿는다. 서로가 서로를 비추고, 한 존재의 울림이 전체에 반사되는 생명의 그물망. 철새 한 마리의 날갯짓, 갈꽃 한 송이의 흔들림이 단절된 사건이 아니라, 전체 생명 망의 진동이자 그물의 울림이다. 그러므로 사랑은 '끝없는 잔치'다.

> 잔치는 열려 취한 꿈 깨어날 일 없고/ 사랑으로 가는 길은 끝이 없으니

사랑으로 가는 길은 단절이 아니라 끊임없는 순환과 변주다. 나무가 잎을 버리고 창문이 닫아도, 그 속에서 여전히 가을꽃은 사랑의 언어로 속삭인다. 바람이 문을 닫고 돌아가는 저녁, 그 닫힌 문 뒤에도 사랑은 계속된다.

구본결 시인의 「처서」는 이별이라는 단어를 넘어 순환과

지속의 언어로 우리를 인도한다.

> 가을꽃은 저 언덕과 휘파람을 사랑한다고/ 가을의 언어로 속삭이겠죠

그 속삭임은 이별을 부정하지 않는다.

> 이별은 사랑의 끝이 아니라고/ 바람이 하나씩 문을 닫고 돌아가는 이 저녁에도

다만, 이별을 끝이 아닌 다른 시작으로 넘겨준다. 그래서 이 시는 가을의 노래이면서도, 끝나지 않는 사랑의 노래다.

> 꽃이 피었다 지면
> 둥글게 열매를 맺는다
> 햇볕 공기 물, 땅에서 얻은 것으로
> 제 몸 안 깊숙이 씨앗을 묻어서
> 생명은 다시 피어난다는 약속 같은
>
> 사람이 죽으면
> 둥글게 무덤을 만들어
> 옷 입히듯 잔디를 입힌다

마치 몸이 씨라도 되는 것처럼
땅에 매다는 열매처럼

삶 속에 죽음의 씨앗 들어 있듯
죽음 속에도 반드시 삶의 씨앗 들어 있어
돌아가듯 돌아올 거라는 듯이

올 때는
혼자 울며 왔어도
돌아갈 때는
여럿이 울며 배웅한다
인정 많은 이 세상 잊지 말고 품고 있다가
꼭 다시 돌아와야 한다고
─「열매와 무덤」 전문

「열매와 무덤」은 이 시집 전체의 사유적 심장이다. 죽음조차 삶을 품고 있다는 발견, 그 발견이 사랑과 윤리의 가장 깊은 자리에서 이루어진다는 선언. 가장 정제된 형태로 존재론적 사유가 구현된 시라 할 수 있다. 삶과 죽음, 시작과 끝, 피어남과 지는 것, 그 경계에 대한 시인의 깊은 성찰이, 과장도 군더더기도 없이 맑고 단단한 언어로 담겨 있다.

꽃이 피었다 지면 열매가 맺힌다. 그 열매 안에는 다시 씨앗

이 있다. 그 씨앗은 언젠가 다시 꽃을 피운다. 이 너무나도 단순해 보이는 자연의 법칙 안에서 시인은 삶과 죽음의 존재론적 구조를 발견한다. 그러나 그것은 자연 묘사의 아름다움에 머물지 않는다. 이 시가 빛나는 지점은 바로 그 단순한 사실을 통해 존재의 본질을 다시 묻는다는 데 있다.

    삶 속에 죽음의 씨앗 들어 있듯/ 죽음 속에도 반드시 삶의 씨앗 들어 있어

이 구절은 구본결 시의 존재론적 사랑과 연기론緣起論의 사유가 가장 응축된 문장이다. 죽음은 단절이 아니다. 그것은 돌아감이며, 다시 돌아온다는 약속이다. 여기서 죽음은 삶의 반대가 아니다. 서로의 씨앗을 품고 동심원처럼 맞물려 있다. 마치 열매가 땅에 닿으며 또 다른 피어남을 준비하듯, 무덤 또한 열매처럼 "생명의 둥근 집"이 된다.

    사람이 죽으면/ 둥글게 무덤을 만들어/ 옷 입히듯 잔디를 입힌다/ 마치 몸이 씨라도 되는 것처럼/ 땅에 매다는 열매처럼

이 얼마나 대단한 발견인가? 얼마나 사람들의 가슴을 울렁이게 하는 구절인가? 여기서 무덤은 단순한 죽음의 표지가 아니다. 그것은 존재의 지속을 위한 약속의 공간이다. 둥글게,

씨앗을 품은 열매처럼. 죽음조차 삶을 품고 있다는 이 발견은 단순한 위로나 상징이 아니다. 그것은 존재가 서로를 살게 하는 근본적 질서, 순환의 가장 깊은 자리에서 나온 언어다.

올 때는/ 혼자 울며 왔어도/ 돌아갈 때는/ 여럿이 울며 배웅한다

삶은 홀로 오지만, 죽음은 관계 속에서 마감된다. 존재는 결코 홀로 있지 않다. 인간의 태어남과 떠남 사이에는 타자의 울음과 손길이 있다. 홀로 태어났으나, 서로를 안고 울며, 울음 속에 다시 씨앗을 심는 일. 이 울음이야말로 존재를 영원히 살게 하는 방식이다.

따라서 이 시는 구본결 시인의 '발견의 시학'을 가장 잘 보여준 작품이다. 발견은 눈앞에 있는 것을 새롭게 보는 일이다. 열매 속에서 죽음을, 무덤 속에서 씨앗을, 죽음 속에서 생명을 본다. 시인은 그 오래된 진실을 다시 발견하고, 가장 낮고 가장 단순한 말로 우리에게 전한다. 무덤은 끝이 아니라 열매다. 죽음은 사라짐이 아니라 피어남의 준비다. 삶은 죽음을 품고, 죽음은 다시 삶을 낳는다.

"장자는 삶과 죽음을 변화의 흐름에 놓인 연속적인 관계라고 보았다. 시작과 끝이라는 대립 관계가 아니라 시작도 없고, 끝도 없는 하나의 흐름으로써 삶과 죽음을 이해한 것이다. 살

아간다는 것이 곧 죽어 가는 것이라는 깨달음은 곧 삶이 삶 자체로만 이루어진 것이 아니며, 죽음이 죽음 자체만은 아니라는 사실을 깨닫게 해 준다."6)

장자의 사유와도 통하는 이 시가 구본결 시의 정수인 이유는 그 안에 시인의 세계관 전체가 들어 있기 때문이다. 존재와 존재는 그렇게 서로를 살게 하며 죽음조차 사랑의 다른 이름으로 열매를 맺는다.

시집『국화꽃 안부를 묻는다』속 다른 시들도 이 발견의 시학 속에 놓인다. 「나는 풀입니다」에서는 이름 없는 풀을 통해 관계적 존재를 발견한다. 「명품 가방」에서는 욕망과 결핍의 구조 너머에 있는 가난의 충만함을 본다. 「처서」에서는 이별을 끝이 아니라 순환의 고리로 다시 본다. 이 모든 시들은 숨겨진 존재를 다시 여는 발견의 시학을 실천한다. 그 발견은 단순한 눈의 발견이 아니라, 사랑의 발견, 배려의 발견, 순환의 발견이다. 그리고 그것은 근본적으로 비움의 발견이다. 욕망을 비우고, 이름을 비우고, 자기 중심성을 비워야 비로소 타자의 숨소리를 들을 수 있다.

3. 속도와 소유의 세계에 느림과 무욕의 죽비를 내리치는 선언

---

6) 장자,『장자, 자연속에서 찾은 자유의 세계』, 풀빛, 2012, 조수형 옮김, p30.

누구나

이름을 걸고 살기는 하지

그런데 집 없는 책은 왜 민 책이 아니지

우리에게만 그렇게 부르는 거 차별 대우야

집 못 버린 너희들 비난할 생각 조금도 없지만

자유로부터 말해 보자면 우리가 한 수 위지

굳이 부르려면 집달팽이, 달팽이 이러는 게 맞아

뭐, 너희들이 세상을 짓는 머리 기둥이라고

그 잘난 머리, 기둥 없어도 내 삶은 괜찮아

더듬더듬 더듬거리며 살아도

내 배로 걷고 내 배짱대로 나는 살지

그래도 나 책잡히고 책 당하고

책임질 일 조금도 하지 않지

특별한 이름 없이 홀딱 벗고 살아도

태양이 눈뜨고 나를 보고

대지가 재워주고 먹여 주니

꾀죄죄한 이름 가로세로 걸어 놓고

누구 눈에 들 날만 꽂혀서 기다리는

너희들보다야 무엇으로 보나 내가 낫지

죽는 자의 말씀들 무덤처럼 쌓여 있는 책

집 앞 공터를 지나 배추밭 가는 길로

알 것만 아는 나, 신이 써 놓은 점자책

하루 한 장씩 새겨읽으면서

오늘도 느릿느릿 내 길을 간다

─「민달팽이와 책」 전문

  작은 존재이면서 더 큰 존재를 이루기도 하는 인간은 구별과 차별을 통해 자신의 가치를 드러내려 애쓴다. 서열을 정해 자신의 가치까지 높이려고 한다. 그러나 인간의 이러한 노력은 줄 세우기와 편 가름으로 나타나고, 결국 끊임없는 다툼으로 이어진다. 이러한 긴장과 갈등에서 벗어나려면 장자에 나오는 천뢰, 즉 하늘의 소리에 귀 기울여야 한다.

  "'도의 관점에서는 모든 것이 매한가지'라는 하늘의 소리에 귀 기울이고 이를 우리 삶에 적용한다면, 차별과 구별에서 오는 상실감이나 경쟁심은 하늘의 소리로 덮이고, 우리의 삶은 안정을 되찾을 수 있다"고 장자는 말한다.[7] 그 상상을 현실로 불러온다. 이 시는 인간 중심적 시각의 뒤집기이자 속도와 소유의 세계에 느림과 무욕의 죽비를 내리치는 선언이다.

---

7) 장자, 『장자, 자연속에서 찾은 자유의 세계』, 풀빛, 2012, 조수형 옮김, p22.

더듬더듬 더듬거리며 살아도/ 내 배로 걷고 내 배짱대로 나는 살지

이 말은 단순한 자기 위안이 아니다. 그것은 인간 사회가 '빠름'을 능력이라 부르고, '느림'을 결핍으로 여겨온 오만에 대한 반격이다. 만약 달팽이가 인간을 바라본다면, 그 느릿한 더듬이로 인간의 허둥대는 걸음을 쓰다듬으며 이렇게 말할 것이다.

특별한 이름 없이 홀딱 벗고 살아도/ 태양이 눈뜨고 나를 보고/ 대지가 재워주고 먹여 주니/ 꾀죄죄한 이름 가로세로 걸어 놓고/ 누구 눈에 들 날만 꽂혀서 기다리는/ 너희들보다야 무엇으로 보나 내가 낫지

피에르 쌍소는 말한다. "느림은 그 자체로는 어떤 가치도 없다. 우리가 불필요하고 헛된 계획에 힘을 쏟지 않고 우리 사회 내에서 명예롭게 살 수 있는 수단이 바로 느림이다."[8] 달팽이는 그것을 안다. 서두르지 않기에, 더듬더듬 다가가기에, 꽃잎의 진동, 풀잎의 숨결, 땅속의 울림을 천천히, 깊이, 끝까지 느낀다. 헛된 계획에 힘을 쏟지 않기에 귀 기울일 수 있고, 기다

---

[8] 피에르 쌍소, 『느리게 산다는 것』, 드림셀러, 2023, 강주헌 옮김, p225.

릴 수 있고, 서로의 결핍을 알아차릴 수 있다.

반면 인간은 늘 빨리 지나치기에, 타자의 시간을 짓밟고, 관계를 소비하며 살아간다. 민달팽이는 그것을 알고 있다. 느림은 거래가 아니라 배려다. 느림은 효율이 아니라 존재의 품격이다. 명예롭게 살아갈 수 있는 수단이다.

쓸모없음으로 오래 살아남는 나무처럼, 달팽이는 '빠름의 잣대'를 비웃는다. 빠름은 인간을 세상의 정점에 올려놓은 듯하지만, 그 속에서 인간은 리듬을 잃었고, 자기 자신의 속도마저 잃었다.

> 집 앞 공터를 지나 배추밭 가는 길로/ 알 것만 아는 나, 신이 써 놓은 점자책/ 하루 한 장씩 새겨읽으면서/ 오늘도 느릿느릿 내 길을 간다/

달팽이의 느림은 자랑이 아니라, 삶의 방식에 대한 가장 근원적인 질문이다.

신이 써 놓은 점자책을 읽는 민달팽이가 인간을 향해 죽비를 들었다.

너는 너의 속도로 살고 있느냐?

네 삶의 리듬은 누구의 것인가?

네가 사는 그 시간은 네 것인가?

나무는

잎사귀마다

입을 달고 문장을 키운다

바람이 구술하는 나무의 언어

가지와 가지 사이 페이지마다

애벌레의 길, 봄의 꿈이 잠든다

숲 대장간은 문장의 거푸집

초록 문장들 초록의 불평을 누르며

머리를 두드리고 등을 때리던

천둥소리, 몸을 식히던 차가운 빗줄기

페이지마다 끊어지던 아픈 문장들

책을 열면 우수수 날아가던 푸른 입 새들

그래 수고했다

충혈된 나무의 눈 불어주는 찬 입김

이제 나무는 문장을 버리고

가을꽃들마저 입을 닫으면

나무는 빈손이 되어

책장 덮으며 눈을 감는다

미완의 문장들 얼어붙는

저기, 나무들 잠든 먼 새벽 숲

차곡차곡 눈이 내리면

책장 넘기던 물소리 스스로 깊어지고

행간 같은 새하얀 눈길

새 책 열듯 눈 뜨겠다

―「글 쓰는 나무」 전문

구본결 시인의「글 쓰는 나무」는 언어가 어떻게 존재의 방식이 될 수 있는지를 보여주는 시다. 나무는 말하지 않는다. 그러나 나무는 쓴다.

나무는/ 잎사귀마다/ 입을 달고 문장을 키운다

그 문장은 빠르지 않고, 급하지 않고, 조용히 자란다. 언어가 살아간다는 것, 말이 자란다는 것은 느림 속에서만 가능하다. 말도, 사물도, 심지어 사람도 너무 빨리 꺼내면 아직 태어나지 못한 채 죽어버린다. 구본결 시의 나무는 빠름의 언어가 아니라 자연의 느림과 순환 속에서 문장을 품고 있다.

초록 문장들 초록의 불평을 누르며/ 머리를 두드리고 등을 때리던/ 천둥소리, 몸을 식히던 차가운 빗줄기

이 문장들은 삶의 풍상과 계절, 고통과 치유, 생명의 곡절들을 문장의 거푸집 속에서 단단하게 구워낸 언어다. 하이데거에 의하면 존재는 언어 안에서만 머물 수 있고, 언어는 존재를 드러내는 방식이다. 그러나 그 언어는 인간의 말만이 아니다. 구본결 시인의 시에서 언어는 나무의 가지와 잎사귀마다 달려 있다. 그 언어는 인간의 것보다 느리다. 그러나 그 느림 속에서, 오히려 더 깊다. 말이 아닌 존재 자체가 언어가 되어 나아가는 일. 푸른 잎새가 문장이 되고, 천둥소리가 구절이 되고, 비가 쉼표가 되고, 가을꽃의 입 다문 자리가 마침표가 된다

    그래 수고했다/ 충혈된 나무의 눈 불어주는 찬 입김/ 이제 나무는 문장을 버리고/ 가을꽃들마저 입을 닫으면/ 나무는 빈손이 되어/ 책장 덮으며 눈을 감는다

여기서 시인은 조용히, 서두르지 않고, 나무의 언어에 귀 기울인다. 문장을 다 쓰고 덮는 법도 안다. 가을이 오면 나무는 "문장을 버리고" "빈손"이 된다. 그러나 그것은 멈춤이 아니라, 기다림이다.

    미완의 문장들 얼어붙는/ 저기, 나무들 잠든 먼 새벽 숲/ 차곡차곡 눈이 내리면/ 책장 넘기던 물소리 스스로 깊어지고/ 행간 같은 새하얀 눈길/ 새 책 열듯 눈 뜨겠다

"미완의 문장들", 그것이 곧 살아 있는 초록의 문장들이다. 눈을 맞으며 "물소리 스스로 깊어지"듯 느리게, 더 느리게. 그래야 생명이 자란다. 그래야 언어가 태어난다. 그래야 위로가 닿는다.

구본결 시인의 나무는 세상의 아픔을 서둘러 위로하지 않는다. 급한 해명도, 성급한 위안도 없다. 그저 "그래, 수고했다" 한마디. 그러나 이 한마디가 세상에 건네는 가장 깊은 위로이자 사랑이다.

첫 시집을 발간하는 구본결 시인과 그의 아내 정순자 시인에게
이 시를 읽는 독자들에게, 그리고 나에게, 나무의 목소리를 흉내 내며 등 토닥여 본다.

"그래, 수고했다."

| 구본결 |

강원도 홍천 거주. 강원대 일반대학원 철학을 전공 수료했으며, 2023년 『시인정신』으로 등단했다.

이메일 : baram430@naver.com

현대시 기획선 131
국화꽃 안부를 묻는다

초판 인쇄 · 2025년 7월 20일
초판 발행 · 2025년 7월 25일
지은이 · 구본결
펴낸이 · 이선희
펴낸곳 · 한국문연
서울 서대문구 중가로29길 12-27, 101호
출판등록 1988년 3월 3일 제3-188호
편집실 | 서울 서대문구 중가로31길 39, 202호
대표전화 302-2717 | 팩스 · 6442-6053
디지털 현대시 www.koreapoem.co.kr
이메일 koreapoem@hanmail.net

ⓒ 구본결 2025
ISBN 978-89-6104-387-8 03810

값 12,000원

* 이 도서는 강원특별자치도 강원문화재단 후원으로 발간되었습니다.

✽ 잘못된 책은 바꾸어 드립니다.